M. DE ROUX

LA LÉGISLATION
CIVILE ET SOCIALE
DE L'EMPIRE

LA STRUCTURE GÉNÉRALE DE LA SOCIÉTÉ

L'ORGANISATION DU TRAVAIL

Prix : 0 fr. 50

NOUVELLE

LIBRAIRIE NATIONALE

11, RUE DE MÉDICIS, 11

PARIS

1912

M. DE ROUX

LA LÉGISLATION CIVILE ET SOCIALE DE L'EMPIRE

LA STRUCTURE GÉNÉRALE DE LA SOCIÉTÉ
L'ORGANISATION DU TRAVAIL

Prix : 0 fr. 50

NOUVELLE
LIBRAIRIE NATIONALE
11, RUE DE MÉDICIS, 11
PARIS
1912

LA LÉGISLATION CIVILE ET SOCIALE

DE L'EMPIRE

Entre la France et la famille Bonaparte, la querelle est nationale. Le reproche qu'il ne faut cesser d'élever contre cette dynastie malheureuse c'est le détournement de nos forces et de notre sang pour des entreprises étrangères et contraires à l'intérêt français, qui ne pouvaient amener que des victoires sans profit ou des défaites sans revanche et qui, du « recès » de 1803 à la guerre de 1870, ont abouti à la constitution de l'unité italienne et de l'unité allemande.

Auprès d'un tel détriment causé à notre grandeur, des services même réels rendus à l'ordre intérieur pèseraient peu. Mais la législation civile et la politique sociale de l'Empire ont-elles fait de l'ordre ou en ont-elles seulement plâtré les apparences ?

C'est la prétention des Napoléonides de posséder une formule sociale de paix, de progrès et d'avenir :

« L'idée napoléonienne, écrivait le prince Louis-Napoléon en 1839, n'est point une idée de guerre, mais une idée sociale, industrielle, commerciale, humanitaire... L'Empereur doit être considéré comme le Messie des idées nouvelles [1]. »

1. Les *Idées napoléoniennes*, 172 et 331. Nous suivons l'édition qu'en donnent les *Œuvres* de Napoléon III où le souverain régnant réimprimait et confirmait ses œuvres de jeunesse.

Ces idées nouvelles sont les principes de la Révolution :

« Napoléon en arrivant sur la scène du monde vit que son rôle était d'être l'exécuteur testamentaire de la Révolution[1]. »

Mille textes pourraient corroborer celui-ci : les faits le vérifient encore bien mieux, qu'il s'agisse de la structure générale de la société ou de l'organisation du monde du travail.

1. *Loc. cit.*, 28.

I

LA STRUCTURE GÉNÉRALE DE LA SOCIÉTÉ.

Il n'est pas d'œuvre dont Napoléon Ier se soit montré plus jalousement fier que du Code civil, auquel il voulut même que son nom fût donné, et l'adoption du Code Napoléon dans les Etats de l'Eglise fut une des *réformes libérales* que Napoléon III s'efforça d'obtenir de Pie IX en échange de sa protection militaire.

Ce n'est pas que dans l'ensemble le Code civil soit une œuvre de novateurs : son mérite technique n'est point d'originalité mais de clarté, de coordination et de prudence conservatrice. L'unité de législation qu'il réalise consacre les principes du droit romain, du droit coutumier, des ordonnances royales : de ses 2.281 articles il n'y en a pas 5o où se fassent sentir des préoccupations politiques et l'idéologie révolutionnaire. Il est vrai que ce sont des dispositions capitales, puisqu'elles règlent le mariage et le divorce, le régime successoral et le contrat de travail.

Vous oubliez, dira-t-on, la prohibition des droits féodaux.

C'est par le droit public que sont naturellement proscrits les démembrements de la souveraineté. Les redevances pécuniaires peuvent toujours être stipulées en vertu de la liberté des conventions. L'article 686 interdit seulement de constituer comme droits réels les services imposés à la personne ou en faveur de la personne, c'est-à-dire que je ne puis réserver un droit de chasse attaché à une propriété sur une autre propriété ni stipuler un service de charrois dû par une terre à une autre terre. On voit que la prohibition n'a pas une très grande portée. Ce qui est plus considérable, c'est que toute redevance pécuniaire, toute rente perpétuelle est essentiellement rachetable (art. 1911) malgré toute stipulation contraire. Mais une rente foncière n'a rien de féodal et la prohibition des redevances perpétuelles n'a aucun lien avec les principes de 1789. Le Code civil s'inspire bien plus du désir de constituer la propriété nette de toute charge, libre ou facilement libérable, en sorte qu'elle reste sans aucun partage de ses avantages, pleine et entière dans la même main. Napoléon envisageait toutes les questions civiles du point de vue du propriétaire foncier, nous en aurons d'autres preuves. Vue incomplète mais solide et qu'on louerait davantage, si ce Code, d'esprit tout immobilier, n'avait organisé un régime hypothécaire grossièrement insuffisant, en régression marquée sur la loi du 11 brumaire an VII.

Dans la famille, la Révolution avait introduit le divorce. Le Code Napoléon le maintient et ce fut une des discussions auxquelles le Premier Consul prit une part personnelle. Son influence fit conserver le divorce par consentement mutuel dont il se réservait d'user, et il ne tint pas à lui que le divorce pour incompatibilité d'humeur ne fût également consacré. Afin de le défendre Bonaparte n'avait pas reculé devant une audacieuse théorie de mariage à l'essai :

Le Premier Consul dit que le mariage n'est pas toujours comme on le suppose, la conclusion de l'amour. Une jeune personne consent à se marier pour se conformer à la mode, pour arriver à l'indépendance et à un établissement ; elle accepte un mari d'un âge disproportionné dont l'imagination, les goûts et les habitudes ne s'accordent pas avec les siennes. La loi doit donc leur ménager une ressource pour le moment où l'illusion cessant, elle reconnaît qu'elle se trouve dans les liens mal assortis... qu'après deux ans de mariage le divorce ne soit plus admis que pour des causes très graves, on le conçoit[1].

La Restauration, on le sait, abolit le divorce par la loi du 8 mai 1816, et ce n'est que sous la Troisième République que M. Naquet, juif, a fait revivre l'œuvre de la Révolution et de l'Empire. Encore la loi Naquet est-elle moins large pour l'admission des causes de divorce que le Code Napoléon.

On sait moins que Napoléon III qui, régnant, ne rétablit pas le divorce avait revendiqué cette tradition de sa famille dans ses programmes de prétendant et, dans la plus bizarre prosopopée, évoqué l'âme de son oncle qui, du haut du ciel, sa demeure dernière, reprochait au gouvernement de Juillet de n'avoir pas fait voter une loi si morale :

Si, dans ce séjour céleste où repose maintenant en paix sa grande âme, Napoléon pouvait encore se soucier des agitations et des jugements qui se heurtent ici-bas, son ombre irritée n'aurait-elle pas le droit de répondre à ses accusateurs :

— Avez-vous rétabli la loi du divorce qui garantissait la moralité des familles[2] ?

Moralisée par le divorce, la famille est soumise à un régime successoral uniforme, hostile à la conservation des biens, caractérisé par le partage forcé.

Les coutumes successorales étaient encore extrêmement diverses et correspondaient à des réalités historiques et économiques toujours vivantes qui furent sacrifiées à la gloire factice de l'unité de législation civile. Puisque la loi successorale devrait être le testament

---

1. Locré, V, 59 et suiv.
2. *Idées napoléoniennes*, 124, 126.

de ceux qui n'ont pas eu la prévoyance d'en faire, puisque certainement un montagnard de Biscaye et un vigneron de Saintonge n'ont pas les mêmes vues sur la dévolution de leur patrimoine, la même loi de succession *ab intestat* ne leur convient pas [1].

Quant au partage égal et forcé, nous n'entendons pas traiter ici ce grand sujet, qui ne souffre pas d'être discuté en passant.

Il nous suffit de montrer que les Napoléons ne croyaient pas le régime successoral auquel ils se sont attachés bon et juste en soi, au contraire. Ils ne pensaient pas autrement qu'un Le Play sur ses effets économiques et moraux, mais ils le jugeaient propice à l'omnipotence de l'État pour les mêmes raisons que funeste aux familles et à l'agriculture.

Ils ne nous ont pas refusé l'aveu qu'au lieu de s'accommoder à la société pour procurer son bien, ils la soumirent à des lois malfaisantes pour elle, mais favorables à leur domination politique :

Etablissez le Code civil de Naples, écrivait Napoléon à Joseph, tout ce qui ne vous sera pas attaché va se détruire en peu d'années et ce que vous voudrez conserver se consolidera.

Voilà le grand avantage du Code civil ; c'est ce qui m'a fait prêcher un Code civil et m'a porté à l'établir [2].

Et Napoléon III :

Notre loi égalitaire de la division des propriétés ruine l'agriculture [3]... Il est avéré que l'extrême division des pro-

---

1. Nous nous permettons de renvoyer sur ce point à nos *Notes pour le centenaire du Code civil. L'Action française* (revue), 15 décembre 1904.

2. Napoléon à Joseph, 5 juin 1806. *Mémoires et Correspondance politique et littéraire du roi Joseph*, II, 275.

3. *Extinction du Paupérisme*, 116.

priétés tend à la ruine de l'agriculture, et cependant le rétablissement du droit d'aînesse qui maintenait les grandes propriétés et favorisait la grande culture est une impossibilité, *il faut même nous féliciter* SOUS LE RAPPORT POLITIQUE *qu'il en soit ainsi* [1].

Napoléon Ier avait du reste fait éclater sa vraie pensée. Le Code civil était bon pour le peuple français. Il avait rétabli le droit d'aînesse et les substitutions perpétuelles pour ceux qui faisaient vœu d'être siens.

« Il rétablit, dira son neveu, les titres nobiliaires, mais sans y attacher de privilèges ni de prérogatives [2]. »

Que l'exemption de la taille, évitant par exemple un versement de 500 livres au fisc, fût un privilège, et qu'une dotation de 200.000 livres de rentes sur l'Etat n'en soit pas, on reconnaît le raisonnement de tous les ploutocrates qui ne conservant dans la société que le privilège le plus substantiel, celui de la richesse, nient effrontément que c'en soit un. Il est vrai qu'on le rend moins sensible : le contribuable qui voyait le collecteur ne demander rien au seigneur de la paroisse calculait de combien sa cote en était majorée ; il ne songe pas qu'une part de ses contributions servira à payer les dotations inscrites au Grand Livre.

Constitués en fonds d'Etat, en biens nationaux ou en biens patrimoniaux prélevés par les titulaires sur leur propre avoir, les majorats attachés aux titres de la noblesse impériale ont toujours le même avantage ; ils sont soustraits au régime ordinaire de la propriété et des successions ; ils sont substitués à l'infini. Le droit d'aînesse le plus strict règle leur dévolution. Ils sont inaliénables, ils sont insaisissables. Au milieu

1. *Extinction du paupérisme*, III.
2. *Idées napoléoniennes*, 53.

de l'instabilité générale, quand il n'est permis à nul autre de se constituer un bien de famille, la noblesse impériale reçoit un statut qui la soustrait à la loi commune et qui l'assure de ne pouvoir ni diviser, ni perdre, ni amoindrir ses biens.

C'est ce qu'on appelle n'avoir ni privilèges ni prérogatives ! Il n'y en a pas de plus précieux ni de plus effectives. Si l'esprit égalitaire n'avait repris le dessus, si les majorats n'avaient été abolis par les lois de 1836 et 1849, si le second Empire n'avait reculé devant leur rétablissement qu'il n'osa qu'une fois (dotation de 100.000 francs de rente au duc de Malakoff qui n'eut pas de fils), la classe ainsi dotée eût pu former une aristocratie autrement puissante que n'avait été l'ancienne noblesse française.

Mais le césarisme était trop pénétré de Révolution jusque dans son œuvre la plus violemment contre-révolutionnaire pour que celle-ci fût durable : il institua des privilèges immenses, il ne les rendit ni justes ni bienfaisants.

L'illustration des premiers titulaires de la nouvelle noblesse déroba aux contemporains cette énormité que, sous couleur de ne pas leur reconnaître de droits particuliers, Napoléon ne leur assignait aucun devoir.

Comment y songer devant un maréchal duc d'Empire couvert de cicatrices et qui pouvait faire la réponse de Lefevre à un camarade envieux ? Mais puisque la récompense de leurs exploits était rendue héréditaire, quelle obligation était avec cette récompense transmise à leurs héritiers ? Aucune.

La noblesse impériale n'oblige pas.

Elle n'est assujettie à rien qui rappelle le ban ou l'arrière-ban maintenant jusqu'au XVIIIe siècle pour l'ancienne noblesse l'obligation de porter les armes. Le petit-fils d'un duc militaire qui n'a pas le goût de servir peut employer les premiers écus que lui rapporte son majorat à s'acheter un homme, à se payer un remplaçant qui partira à sa place s'il tire un mauvais numéro à la conscription.

S'il veut ensuite se lancer dans les spéculations, il le peut sans crainte ; en cas de revers sa fortune insaisissable se rira de ses créanciers et la banqueroute même n'entraînerait pas pour lui de dérogeance légale.

Pas de devoirs : je me trompe, un seul : celui de résider près du maître ou de son représentant : M. le Préfet ou M. le Sous-Préfet. C'est ce que règle le décret du 3 mars 1810.

Art. 6. — Les maisons d'habitation des princes de l'empire et des ducs seront nécessairement situées dans l'enceinte de notre bonne ville de Paris.

Les maisons d'habitation des comtes et barons pourront être situées soit dans notre bonne ville de Paris, soit dans une de nos villes chefs-lieux de département ou d'arrondissement.

Le décret du 11 juin 1811 fit droit aux réclamations que cette exigence avait soulevées et permit de fixer le siège d'un majorat dans une maison de maître à la campagne.

Immoral pour n'être pas accompagné de devoirs définis, le privilège napoléonien est rendu d'autre part odieux et précaire pour ne profiter qu'à un trop petit nombre ; il faut répéter qu'à côté des majorats de la noblesse il ne laisse pas de place au bien de famille rural.

De même, Napoléon a fait une contre-révolution partielle au profit de l'Église par le Concordat. C'est à merveille, et des observateurs à courte vue ont pu croire que la situation du clergé grandissait de ce qu'il était seul à en profiter. En réalité, l'individualisme maintenu dans toute la structure de la société, l'association proscrite, l'absence d'un droit public des fondations et des personnes morales ne laissaient à l'Église d'autre garantie de son statut que la concession du pouvoir et donnaient à cette Société parfaite l'apparence d'une administration de l'État.

Une contre-révolution limitée au profit des deux anciens premiers Ordres, ce caractère étroit de la réaction napoléonienne fut masqué aux contemporains par l'origine plébéienne des nouveaux grands seigneurs et par l'impiété connue de quelques hommes associés au gouvernement. Il doit être dénoncé par l'historien des institutions. Il était pour rendre impopulaires ceux-là mêmes à qui César rendait des droits justes mais convenables seulement à condition de procéder de cette loi universelle de gradation dont parle le visionnaire américain. Il était pour les diffamer jusque dans le passé. L'ancienne France, malgré la décadence de certaines institutions et d'inévitables abus, avait eu pour chaque classe, pour chaque profession, des droits propres — *privata lex* — parfois enviés même de ceux qui en possédaient de plus éclatants. La façon dont Napoléon prétendait restaurer l'ancienne société était pour faire croire qu'elle avait été composée de deux Ordres qui avaient tous les privilèges et d'un tiers qui n'en avait aucun.

C'était sans doute ainsi que l'avait imaginée le petit gentilhomme corse, mal au fait de la France. Ce fut vrai dans son Empire quand le Clergé eut vu reconnaître sa hiérarchie par un traité solennel, qu'une Noblesse en partie seulement nouvelle eut son droit d'aînesse et ses substitutions perpétuelles et que rien ne fut rendu au peuple de ses privilèges à lui : l'organisation professionnelle et les bonnes coutumes du travail.

II

La logique des idées révolutionnaires condamnait toute organisation professionnelle, mais c'est un bien trop précieux, et les bénéficiaires de la Révolution avaient, sous leur rhétorique égalitaire, un trop vif sentiment de classe pour n'en pas vouloir le profit. Cette contradiction explique toute la politique du Premier Empire vis-à-vis des professions libérales. Celles qui tiennent à la robe furent soumises à une discipline corporative. La loi du 13 frimaire an IX organisa les chambres d'avoués ; celle du 25 ventôse an XI, les chambres de notaires. Mais les officiers ministériels restèrent des fonctionnaires jusqu'à la Restauration qui, par la loi du 28 avril 1816, leur rendit la propriété de leurs charges. Quant aux avocats, la loi du 22 ventôse an XI leur avait restitué leur nom et leur costume, mais ils durent attendre leur réorganisation jusqu'au décret du 14 décembre 1810. Napoléon s'y était personnellement opposé :

Le décret est absurde, écrivait-il à Cambacérès, il ne laisse aucune prise, aucune action contre eux. Ce sont des factieux, des artisans de crimes et de trahisons ; tant que j'aurai l'épée au côté, jamais je ne signerai un pareil décret ; je veux qu'on puisse couper la langue à un avocat qui s'en sert contre le gouvernement [1].

De fait, le décret tel qu'il fut publié donna au grand

1. Dalloz, *Répertoire,* v° *Avocats.*

juge le droit de rayer les avocats « de son autorité »,
(art. 40) et remit aux procureurs généraux le choix des
bâtonniers (art. 21).

La même méfiance se marque à l'égard des Chambres
consultatives des Arts et Manufactures et des Chambres
de commerce qui étaient l'amorce d'une représentation
professionnelle. Par le décret du 21 nivôse an XI,
22 villes furent pourvues de Chambres de commerce ;
Paris n'en avait pas ; l'ostracisme était trop injustifiable,
et le 6 ventôse le commerce parisien fut autorisé à
constituer une Chambre de 15 membres élus par
60 notables qu'avait désignés le préfet de la Seine.
Une origine si rassurante ne suffisait pas à calmer les
ombrages du pouvoir : une circulaire du 31 mars 1806
interdit aux Chambres de commerce de donner connais-
sance de leurs avis à d'autres qu'au ministre de l'Intérieur, et il ne leur fut pas permis de souscrire aux plus
utiles initiatives, la prérogative d'accorder des subven-
tions étant, disait Portalis, « purement gouvernemen-
tale [1]. »

Telle était l'insuffisance et l'étroitesse de l'organisation
ou de la représentation des professions libérales et du
patronat commercial ; en ce qui concerne la classe des
ouvriers, aucune organisation ne leur fut permise. Toute
association de plus de vingt personnes était délictueuse,
aux termes de l'article 291 du Code pénal, si elle n'était
autorisée par le pouvoir : la première condition pour
obtenir l'autorisation était de justifier qu'on ne recons-
tituait pas une corporation. Les premières mutualités
étaient naturellement professionnelles ; à partir de 1806
elles se virent imposer comme règle de s'étendre aux
ouvriers de plusieurs métiers [2].

1. Lanzac de Laborie, *Paris sous Napoléon*, VI, 99-107.
2. Paul Louis, *Histoire du mouvement syndical en France*, 77.

Napoléon ne prit pas de part personnelle à l'élaboration des textes du Code civil et du Code pénal qui intéressent les ouvriers, mais sa lettre sur le dimanche porte témoignage des dispositions avec lesquelles il en eût abordé l'étude. Portalis avait ouvert l'avis que le repos dominical devrait être sanctionné par la loi. Napoléon lui répond à la veille d'Eylau [1].

Osterode, 5 mars 1807.

Il est contraire au droit divin d'empêcher l'homme qui a des besoins le dimanche comme les autres jours de la semaine de travailler le dimanche pour gagner son pain. Le gouvernement ne pourrait imposer une telle loi que s'il donnait gratis du pain à ceux qui n'en ont pas. D'ailleurs le défaut du peuple en France n'est pas de trop travailler. La police et le gouvernement n'ont donc rien à faire là-dessus...

Dieu a fait aux hommes une obligation du travail puisqu'il n'a permis qu'aucun des fruits de la terre leur fût accordé sans travail. Il a voulu qu'ils travaillassent chaque jour puisqu'il leur a donné des besoins qui renaissent tous les jours. Il faut distinguer, dans ce qui est prescrit par le clergé, les lois véritablement religieuses et les obligations qui n'ont été imaginées que dans la vue d'étendre l'autorité des ministres du culte. La loi religieuse veut que les catholiques aillent tous les dimanches à la messe, et le clergé, pour étendre son autorité, a voulu qu'aucun chrétien ne pût sans sa permission travailler le dimanche. Cette permission, il l'accordait ou la refusait à son gré pour constater son pouvoir, et l'on sait que dans beaucoup de pays on l'obtenait avec de l'argent. Encore une fois ces pratiques étaient superstitieuses et plus faites pour nuire à la véritable religion que pour la servir...

Puisqu'on invoque l'autorité en cette matière, il faut donc qu'elle soit compétente. Je suis l'autorité et je donne à mes peuples et pour toujours la permission de ne point inter-

1. *Correspondance de Napoléon*, XIV, 468.

rompre leur travail. Plus ils travailleront et moins il y aura de vices ; plus ils se procureront avec abondance la subsistance qui leur est nécessaire, plus ils satisferont aux besoins des organes et aux vœux de la nature.

Si je devais me mêler de ces objets, je serais plutôt disposé à ordonner que le dimanche, passé l'heure des offices, les boutiques fussent ouvertes et les ouvriers rendus à leur travail. Quand on jette un coup d'œil sur les diverses classes qui composent la société, on sent à quel point le repos du dimanche est plus funeste qu'utile.

Jamais homme n'a tant exigé de l'effort humain : il ne fallait pas plus lui demander de ménager les forces de la race dans les fatigues de l'atelier que d'en épargner le sang sur les champs de bataille.

Quant aux problèmes que posait l'essor commençant de la grande industrie [1], il semble bien qu'il les ait parfaitement ignorés, et il laissa ses légistes construire toute sa législation ouvrière sur les principes du libéralisme économique aggravés par la plus grossière inégalité entre employeurs et salariés. C'est même une inexactitude de prononcer le mot de législation ouvrière pour quelques textes épars sans lien et sans développement et qui témoignent autant du médiocre souci de leurs auteurs pour ces questions que de leurs préjugés contre les travailleurs.

Des 2281 articles du Code civil, deux tout juste : 1780 et 1781 sont consacrés au contrat de travail, — le mur mitoyen fait l'objet de vingt ! De ces deux articles le premier paraît fort innocent :

On ne peut engager ses services qu'à temps ou pour une entreprise déterminée.

1. La consommation de la houille en France passa de 250.000 tonnes en 1789 à 929.000 en 1812.

Mais sous prétexte de prohiber le contrat d'esclavage, ce texte brise en réalité les engagements tacites à longue durée [1]. Cent arrêts décident que le contrat par lequel l'employeur et l'employé se sont liés pour un temps indéterminé peut être, dès le lendemain, rompu à volonté par l'un et par l'autre, ou si l'on accorde encore à ce contrat quelque valeur de durée, ce sera celle du plus court engagement en usage dans le pays, le mois ou la semaine. Il a fallu la loi du 28 décembre 1890 pour autoriser les tribunaux à allouer du moins des dommages-intérêts dans les cas où l'application de ce droit devenait le plus criant abus : par exemple, si l'employé était renvoyé sans motif, à la veille d'avoir droit à une retraite pour laquelle il avait depuis longtemps subi des retenues.

Notez que le Code ne propose aucun modèle de contrat de travail, ne fixe aucune règle d'interprétation comme il le fait pour les autres conventions, et ne se réfère même pas à l'usage des lieux et des milieux. On ne traite pas plus légèrement un objet plus important.

La loi du 22 germinal an XI avait déjà dit après une réglementation très sommaire de l'apprentissage :

11. — Les conventions faites de bonne foi entre les ouvriers et ceux qui les emploient seront exécutées.

Les mots « de bonne foi » sont de pur style : c'est le principe de la liberté des conventions proclamé sans réserve dans un des domaines où elles risquent le plus de n'être pas libres. Le salaire de famine, que la faim aura fait accepter, sera seul dû sans relèvement possible. Dans l'acte où l'homme engage ses forces et donne

---

1. La loi du 22 germinal an XI les réduit expressément à une année (art. 15).

2

le plus de lui-même, la législation napoléonienne qui nous régit encore ignore l'idée du juste prix. Passe encore si elle n'en avait pas la notion, mais elle l'a si bien qu'elle en fait usage pour protéger le propriétaire foncier. S'il a vendu un immeuble moins des sept douzièmes de sa valeur, il peut faire annuler le contrat. Or s'il est bon, s'il est convenable que le propriétaire qui *incorpore sa personnalité au sol* soit protégé contre l'acquéreur qui spécule sur ses besoins pour le dépouiller de son héritage, l'ouvrier qui engage dans le contrat sa personnalité même et que pressent des besoins encore plus urgents aurait droit à une protection égale.

Il est vrai qu'il faudrait faire reconnaître par une autorité compétente le salaire juste et en usage. Une expertise y pourrait suffire en fait, mais ce serait le germe d'une réorganisation corporative. Aussi le Code civil écarte-t-il sur ce point même l'application du droit commun ; si une maison a été louée et que l'on ne soit pas d'accord sur le prix du loyer, qu'on n'en puisse faire la preuve, une expertise la fixera (art. 1716). Si un ouvrier a travaillé sans prix fait ou s'il n'y a pas trace de la convention, la même équité commanderait de s'en référer à la valeur de coutume du travail fourni. C'est à la parole du patron, qu'il appelle *le maître*, que le Code s'en remet :

1781. — Le maître est cru sur son affirmation pour la quotité des gages, pour le paiement du salaire de l'année échue et pour les acomptes donnés pour l'année courante.

Cette déclaration fait une preuve irréfragable : l'ouvrier n'est même pas admis dans les termes du droit commun à prouver la quotité de son salaire par enquête. Treilhard déclarait au Conseil d'État qu'il était à craindre que les ouvriers se servissent de témoins les uns aux autres [1].

Quant aux Conseils de prud'hommes chargés dans les grandes villes [2] de prononcer sur les différends entre patrons et ouvriers, la législation impériale n'y laisse représenter les salariés que par les contremaîtres et assure aux employeurs la majorité numérique dans leur composition [3].

La loi du 22 germinal an XI qui imposa aux ouvriers l'obligation du livret contre laquelle ils ont longuement protesté, introduisait une inégalité plus scandaleuse encore que celles que nous venons de voir.

Les fameux décrets de la Constituante qui interdisaient aux travailleurs toute réunion, toute délibération « sur leurs prétendus intérêts communs », faisaient du moins part égale aux ouvriers et aux patrons, si c'est leur faire un sort égal de ne pas tenir compte de l'inégale difficulté qu'ils trouvent à se concerter sans attirer l'attention. La législation conventionnelle encore plus dure avait maintenu cette égalité apparente.

La loi de l'an XI dont le texte légèrement remanié forma les articles 414, 415 et 416 du Code pénal se montra injuste avec intrépidité.

Toute entente en vue de corriger par une action concertée les effets de la loi de l'offre et de la demande est une coalition. De la part du patron elle n'est punissable que si elle a pour but de forcer *injustement et abusivement* l'abaissement des salaires. La légitimité de son objet l'exempte de toute peine. Du côté ouvrier c'est un délit contraventionnel ; la justice reconnue du but n'ex-

1. Séance du 15 nivôse an XII. Locré, XIV, 355.
2. Sauf Paris où les Conseils de prud'hommes ne furent pas organisés pour le même motif qui avait fait refuser d'abord à la capitale une Chambre de commerce.
3. Dalloz, *Répertoire*, v° *Prud'homme*.

cuse pas le moyen. Sans sédition, sans violence, sans même aboutir à la grève, le simple fait de se concerter est un délit :

M. le comte Treilhard dit que les rassemblements d'ouvriers ne produisent d'ordinaire que de vains discours, et c'est à ce cas que l'article s'applique. On n'a pas entendu exclure les peines plus graves quand la coalition produit des désordres [1].

Puisque la coalition patronale n'est poursuivie qu'à condition d'être injuste et que des chefs d'industrie sont évidemment plus responsables que de simples travailleurs, quand ils seront coupables ils seront sans doute punis plus sévèrement ? C'est là que l'injustice semble une gageure. La coalition reconnue injuste des patrons est moins châtiée que l'entente peut-être innocente des ouvriers. Les premiers ne risquent pas plus d'un mois de prison. Les seconds ne peuvent être condamnés à moins. Le maximum de la peine de leurs plus injustes exploiteurs fait le prix le plus doux de leurs plus légitimes revendications concertées, et il est à la discrétion du juge de leur appliquer un châtiment triple : trois mois de prison.

Il est impossible d'imaginer une législation plus durement et plus partialement patronale. L'Empereur n'en tenait pas moins à sa façon à passer pour le protecteur des ouvriers :

Il faut tenir la main à ce qu'il ne soit fait aucune innovation pour les ouvriers pendant que je suis absent de Paris, et qu'on leur laisse leurs usages et habitudes. Ces gens s'ima-

---

1. Conseil d'Etat, 3 décembre 1808, Locré, XXXI, 61.
L'Empereur fut absent pendant toute cette discussion. Il vint, le 25 février suivant, présider la séance où fut débattue la répression des délits des fournisseurs militaires.

ginent qu'on veut les traiter défavorablement parce que je n'y suis pas, et qu'ils ne peuvent pas réclamer : de là le sentiment qu'on leur fait une injustice [1].

Et de fait, Napoléon fut populaire parmi les travailleurs que ses Codes traitaient si mal, tandis que son neveu fut détesté comme un tyran par la population ouvrière des villes qu'il rêva toute sa vie de conquérir et de favoriser.

Autant le premier empereur avait dédaigné la question ouvrière, autant le second en fut préoccupé. Prétendant ou souverain, sa pensée y revint sans cesse, sollicitée à la fois par le goût de la popularité et par le désir de diminuer les souffrances et les injustices. Dans quelle mesure chacun de ces deux sentiments l'a-t-il inspiré, il n'en sut sans doute rien lui-même, mais, après l'avoir étudié, on demeure persuadé qu'il fut sincère, et ce serait une injustice de disputer à sa mémoire malheureuse l'éloge d'avoir été un homme de bonnes intentions ; c'est grande pitié de le voir souhaiter le bien et n'en savoir pas les conditions naturelles et nécessaires. C'est une pitié plus grande que la patrie ait commis ses destinées à ce rêveur qui était bon, qui chérissait le peuple et l'humanité, mais à qui le sens des réalités sociales manquait autant que celui de l'intérêt français.

Le prince Louis-Napoléon écrivit en 1844 au fort de Ham un petit ouvrage intitulé : *Extinction du Paupérisme* qui lui valut une réputation de philanthrope et lui fit titre quatre ans plus tard devant le suffrage. Il faut relire ces pages, pour connaître les chimères naïves et redoutables dont il avait l'esprit peuplé.

---

1. Napoléon à Fouché, 15 juin 1809, *Correspondance*, 15330.

Le socialisme d'État est un système connu qui compte sur le Trésor public pour réaliser ses généreux projets, et sur la faveur de ces projets pour obtenir à ses propagandistes, avec le pouvoir, la disposition du Trésor. Le prince Louis en donne pour sa part une bonne formule :

C'est dans le budget qu'il faut trouver le premier point d'appui, à tout système qui a pour but le soulagement de la classe ouvrière [1].

Il dit encore :

Il faut trois choses : 1° une loi ; 2° une première mise de fonds prise sur le budget ; 3° une organisation [2].

Mais cette organisation qu'il met au dernier rang, il ne la conçoit qu'à la façon d'un caporalisme électif [3]. L'élection des contremaîtres baptisés prud'hommes et institués les mandataires de leurs camarades, voilà ce qui pour lui réalise l'organisation professionnelle. L'extinction du paupérisme en devient facile par la suppression du chômage. L'État rachète les terres incultes, les distribue à des colonies agricoles sur lesquelles les prud'hommes dirigent les ouvriers privés de travail, et d'où ils les rap-

---

1. P. 116.
2. P. 118.
3. La classe des travailleurs formant une association dont les chefs n'auraient d'autres devoirs que de régulariser et d'exécuter la volonté générale, la hiérarchie doit être le produit de l'élection...
Nous voudrions qu'actuellement tous les travailleurs ou prolétaires s'assemblassent dans les communes pour procéder à l'élection de leurs représentants ou prud'hommes à raison d'un prud'-homme pour dix ouvriers. La bonne conduite serait la seule condition d'éligibilité ; tout chef de fabrique ou de ferme, tout entrepreneur quelconque serait obligé *par une loi*, dès qu'il emploierait plus de dix ouvriers, d'avoir un prud'homme pour les diriger. P. 123-133.

pellent quand l'industrie urbaine a de nouveau besoin de bras. On ne méconnaît pas plus ingénument la spécialisation qui est la loi du travail, que dans cette pastorale où les ouvriers des métiers les plus délicats, les fabricants d'instruments de précision par exemple ou les mécaniciens sont priés de se faire laboureurs et pâtres, les saisons où leur métier n'ira plus.

L'auteur de cette rêverie a régné dix-huit ans. Il faut lui rendre cette justice, qu'il n'a tenté de réaliser aucun des mythes puérils qui avaient fondé sa réputation de prétendant humanitaire. Il s'est intéressé à des défrichements, mais il ne les a point confiés à des colonies agricoles. Il n'a point combattu le chômage autrement que par l'impulsion donnée aux travaux publics. Il a abrogé les parties les plus iniques de la législation du premier Empire, par exemple l'article 1781 [1]. Les conservateurs libéraux de l'Assemblée législative avaient déjà rétabli l'égalité entre patrons et ouvriers, quant aux délits de coalition [2]. La grande œuvre sociale du règne de Napoléon III fut la loi du 25 mai 1864 qui reconnut le droit de grève, mais elle l'accorda sans donner en même temps le droit d'association, c'est-à-dire qu'elle permit l'entente intermittente pour la violence passagère en continuant d'interdire l'entente continue en vue de préparations fécondes.

Les ouvriers envoyés à l'exposition de Londres en 1862 en avaient rapporté à la fois le vœu de voir autoriser les grèves, instituer les Chambres syndicales, favoriser les mutualités professionnelles. Pour les mutualistes le second Empire ne demandait qu'à les protéger, mais à condition de les asservir. Il avait pris ses précautions ; sitôt le coup d'Etat le décret des 26 mars-

1. Loi du 2 août 1868.
2. Loi du 27 novembre 1849.

6 avril 1852 avait attribué au Premier Président la désignation des présidents de sociétés de secours mutuels. Un député officiel qui fut un jour célèbre, Bravay, le *Nabab* d'Alphonse Daudet, fut ainsi accepté comme président par la Mutuelle des boulangers parisiens, la Saint-Honoré [1].

On devine à ces traits la répugnance du Gouvernement impérial pour les associations professionnelles indépendantes : il les maintint sous le régime de l'autorisation facultative et révocable. Après l'Exposition universelle de 1867, un rapport du ministre de l'Intérieur, Forcade de la Roquete, fut inséré au *Moniteur* [2] pour leur promettre quelque bienveillance ; mais l'autorisation administrative ne donnait pas la personnalité morale, même à qui en bénéficiait. Même tolérés les syndicats ne pouvaient donc rien espérer posséder. Au contraire, par la loi de 1867, le Gouvernement abdiquait son droit de contrôle sur les sociétés anonymes : les capitaux pouvaient et pouvaient seuls se grouper librement [3].

La liberté des grèves d'une part, des sociétés financières de l'autre, proclamée alors que la liberté d'association et d'organisation professionnelle reste refusée, cette législation de guerre sociale suffirait à juger cet ordre intérieur dont l'Empire se vantait de répondre. Non pas que la grève ne soit un droit nécessaire ; non pas que le pouvoir politique soit qualifié pour autoriser ou défendre les entreprises financières qui s'adressent à l'épargne publique, mais l'interversion de l'ordre naturel des réformes a été le plus grave détriment que pût souffrir la paix sociale.

1. Paul Louis, 120.
2. 3o mars 1868.
3. Berryer, dans sa plaidoirie pour les charpentiers, avait éloquemment montré que la société anonyme permettait aux capitaux la coalition que la loi défendait aux travailleurs.

Ce fut contre cette paix une faute aussi grave que dans l'ordre national la politique des nationalités, et autant nous sommes assuré, sans pouvoir dire quel eût été le détail de la diplomatie de Henri V, que le Capétien eût évité la politique italienne du Carbonaro couronné, autant nous avons la certitude que le Roi eût commencé par le commencement, c'est-à-dire par la liberté d'association, la réorganisation spontanée du monde du travail. La *Lettre sur les ouvriers*[1] du comte de Chambord à été illustrée dans une continuité absolue de pensée par les études sur *les Associations ouvrières en Angleterre* du comte de Paris, et si l'on objecte que ces princes trouvaient peu d'écho dans un temps qu'ils devançaient trop, que leurs propres amis s'effrayaient de leurs hardiesses, on n'a pas le droit d'oublier que le royaliste qui eut le plus l'audience de sa génération, Berryer, avait constamment défendu les mêmes principes, notamment dans les affaires célèbres des charpentiers et des typographes[2].

1. 25 avril 1865 :

« La liberté du travail fut proclamée, mais la liberté d'association fut détruite du même coup. De là cet individualisme dont l'ouvrier est encore aujourd'hui la victime. Condamné à être seul, la loi le frappe s'il veut former, pour se défendre, pour se protéger, pour se faire représenter, une de ces unions qui sont de droit naturel, que commande la force des choses et que la société devrait encourager en les réglant.

« L'individu demeuré sans bouclier pour ses intérêts a été de plus livré à une concurrence sans limites, contre laquelle il n'a eu d'autres ressources que la coalition et les grèves. Jusqu'à l'année dernière ces coalitions étaient passibles de peines sévères qui tombaient la plupart du temps sur les ouvriers les plus capables et les plus honnêtes que la confiance de leurs camarades avait choisis comme chefs ou mandataires. C'était un tort. On crut les faire cesser en autorisant la coalition, qui de délit qu'elle était la veille est devenue le lendemain un droit, faute d'autant plus grave qu'on a négligé d'ajouter à ce droit ce qui aurait pu en éclairer la pratique. »

2. La péroraison de la plaidoirie pour les charpentiers exprime, outre la doctrine corporative, le noble refus des vrais « conserva-

On ne saurait donc invoquer pour l'absolution de Napoléon III une erreur absolue et universelle. La loi de 1864 fut l'œuvre de sa volonté, conseillée par Morny, servie par M. E. Ollivier dont ce fut le premier gage de ralliement. Les Chambres, dont l'esprit conservateur était alarmé, ne l'acceptèrent que par déférence pour cette volonté souveraine : elles auraient aussi bien voté un statut des syndicats présenté de la même main. Mais il est juste d'accorder à la mémoire de l'Empereur l'excuse que son erreur sociale comme son erreur italienne, sans gagner tout le monde, fut partagée du grand nombre.

Les députés de la gauche réclamèrent bien le droit d'association [1] en même temps que celui de coalition, mais, au vrai, le ralliement d'Emile Ollivier les préoccupait plus que le projet de loi, et celui-ci, dans un de ses plus beaux discours, put dénoncer une manœuvre de parti :

Oh ! je connais cette théorie... elle consiste lorsqu'un gouvernement déplaît en principe ou qu'on n'agrée pas sa marche générale non à approuver ce qui est bien et à blâmer ce qui est mal, comme doit faire tout homme d'honneur et de bon sens, mais à tout critiquer, à tout attaquer, surtout le bien parce que le bien pourrait profiter à ceux qui l'accomplissent. Quant à moi, messieurs, je n'appartiens pas à cette école, je prends le bien de quelque main qu'il vienne :

teurs », au sens comtiste du mot, de laisser opposer comme une fin de non-recevoir aux revendications sociales les plus justifiées des excès aussi inévitables que fâcheux :

« Permettez-moi pour dernière parole de vous dire ce que je lisais ce matin dans une conversation du vénérable Sully avec le grand Henri IV : *Tous tumultes, désordres et mutinations proviennent quelquefois de légitimes causes, et plus souvent d'avoir mal que du désir d'en faire.* »

1. Ou plutôt celui de réunion. Cf. notamment le discours de Garnier-Pagès.

Aujourd'hui la loi des coalitions, demain celle des associations.

La critique des J. Simon, des Garnier-Pagès, des J. Favre était si bien une surenchère sans doctrine que pas un ne répondit : Pourquoi pas la loi des associations aujourd'hui, la première, et la loi des coalitions demain ?

Le débat devant le Sénat ne fut pas moins instructif. Ce grand corps n'était pas une Chambre haute ; il n'avait le droit de repousser les lois que s'il les jugeait contraires à la Constitution, et la Constitution de 1852, dans son article Ier, garantissait les *principes de 1789.*

Le comte de Lariboisière vota contre la loi parce que tout ce qui contrarie l'individualisme est contraire aux principes de 1789, et pour une seconde raison tout aussi profonde que la première, à savoir qu'on ne pouvait accorder ce droit à des ouvriers qui votaient mal :

On voit cette masse de gens et de bons citoyens au fond se montrer indifférents à toutes les institutions que le Gouvernement de l'Empereur ne cesse de créer pour eux et répondre par exemple dans les élections à tant de bienfaits par des votes hostiles.

Le Procureur général Dupin repoussa aussi la loi :

On arme, autrement qu'avec un fusil, toutes les fois que l'on crée dans l'État une force qui n'est plus la force du citoyen, mais une force collective [1]...

L'usage intermittent de cette force collective — fût-il le plus antisocial, le plus tumultuaire, — menace moins l'individualisme quatre-vingt-neuvien et la domination de l'État jacobin que son usage permanent, sage et légitime. Voilà pourquoi l'Empire en 1864 reconnaissait le

---

1. Sénat, séance du 17 mai.

droit de grève sans reconnaître les syndicats ; pourquoi la République en 1884 a garrotté ceux-ci. La pire grève n'atteint que la prospérité du pays ; aucun gouvernement n'a jusqu'ici péri par là. Des associations puissantes feraient des électeurs libres, et des électeurs libres ne laisseraient plus de certitude à l'opération électorale ou plébiscitaire d'où tout pouvoir électif doit périodiquement renaître. Un peuple *corporé* a des états, au lieu d'avoir des candidats officiels ; un régime d'opinion ne saurait donc souffrir qu'il se *corpore*.

L'esprit de Napoléon III était d'ailleurs naturellement fermé à la compréhension d'un ordre social organique.

La même inaptitude à concevoir l'organisation professionnelle, dont témoigne son *Extinction du Paupérisme*, éclate dans un projet de retraites ouvrières qu'il rédigea de sa main et dont la note autographe datée du 3 juillet 1870 a été retrouvée dans les papiers des Tuileries. Ceux qui ont régné ont le droit d'être jugés sur les œuvres qu'ils ont accomplies ou tentées et non sur des velléités et des esquisses dont ils ne se satisfaisaient peut-être pas eux-mêmes. Il conviendrait donc de ne faire état de cette note que pour définir la pente naturelle de l'esprit de Napoléon III, si elle ne tenait une assez grande place dans la présente propagande bonapartiste. On nous dit :

Si Napoléon III n'avait pas été renversé, il est plus que probable que nos ouvriers jouiraient depuis 40 ans du bénéfice d'une loi sur les retraites ouvrières [1].

Voyons donc comment il les concevait :

Supposons qu'il soit admis par une loi qu'à chaque nais-

---

[1]. Discours de M. G. Le Provost de Launay, 14 février. (*Autorité*, 15 février 1912.)

sance d'un enfant sur le territoire français, les parents paie-
raient à la commune la somme de 100 francs. Ces 100 francs
capitalisés à 4 1/2 donneraient à 60 ans une rente viagère de
365 francs.

Mais, comme à l'âge de 60 ans on pourrait admettre que
tous ceux qui paient une imposition de 100 francs sont au-
dessus du besoin, on peut admettre que la moitié seulement
des ayants droit recevront la somme de 365 francs, de sorte
que la cotisation pourrait être réduite à 50 francs.

Pour ceux qui ne pourraient payer les 50 francs, la commune devrait les fournir, à défaut de la commune le département ; à défaut du département l'État. Ainsi donc tout individu en naissant, ayant payé une somme de 50 francs, aurait
droit à l'âge de 60 ans à une rente viagère de 365 francs.

Mais comme le bénéfice de cette organisation ne pourrait
se faire sentir à la génération actuelle qu'au bout de 60 ans
et qu'il importerait d'en faire profiter dès aujourd'hui ceux
dont le travail a usé les forces, soit dans les champs, soit dans
les ateliers, il faudrait établir un impôt de 12 francs par an,
prélevé sur tous ceux qui emploient des hommes ou des fem-
mes à des travaux agricoles ou manufacturiers. Ces sommes,
déposées dans la caisse départementale, produiraient pour
tous les individus nécessiteux qui ont atteint ou dépassé l'âge
de 60 ans, une rente viagère de 365 francs.

Passons sur toutes les critiques qu'un actuaire ne
manquerait pas d'opposer aux voies et moyens de ce
projet : on peut toujours changer des chiffres. Ne rele-
vons même pas cette invention d'un impôt sur la fécon-
dité et l'influence heureuse qu'aurait sans doute exercée
sur la population la nécessité, à chaque naissance, de
présenter un certificat d'indigence ou de payer une
amende de 50 francs.

Mais l'âme de ce projet, c'est l'étatisme égalitaire qui
prend à tous les citoyens la même contribution pour la
verser dans la même caisse et leur promettre en retour
une même allocation au même âge. Que le citoyen exerce

un métier qui use prématurément les forces de la vie ou qui les ménage en les exerçant, qu'importe ! Le verrier comme le cultivateur recevront leur allocation à soixante ans d'âge, et ils recevront un franc par jour dans la grande ville la plus onéreuse comme dans la région agricole où la vie est le meilleur marché.

Comme la loi républicaine des retraites, le projet impérial ignore tout des différences de force ou d'habitudes, de longévité ou de besoins que la profession ou la région mettent entre les hommes.

Croirait-on qu'il s'est trouvé des bonapartistes assez étourdis pour reprocher à la loi de 1910 d'édicter l'obligation et de se priver du concours de la mutualité dans le moment même qu'ils célébraient la note du 4 juillet 1870 [1]. Il suffit pourtant de la lire pour constater qu'elle est le texte le plus obligatoire qui soit. Quant à la mutualité, si la loi républicaine lui laisse une place cruellement insuffisante, le rêve impérial ne lui en faisait aucune.

Le césarisme et le parlementarisme, la Révolution autoritaire et la Révolution bavarde confessent ainsi leur commune faiblesse, l'impossibilité où ils sont de souffrir et même de comprendre la force indépendante que sont les groupements naturels des métiers.

Tout pouvoir qui tire son existence de l'élection et qu'un scrutin contraire condamnerait à périr, est obligé d'asservir à son tour ceux dont il dépend, de les garder faciles à dominer, à tromper ou à corrompre. L'empereur ou le député voient pareillement dans toute force syndicale un détournement possible d'électeurs. D'ailleurs leur commune philosophie, qui est l'individualisme, se joint à l'instinct vital pour leur inspirer la crainte et l'incompréhension de la vie professionnelle, de sa différenciation, de sa hiérarchie.

1. Cf. notamment la *Volonté nationale*, 2 mars 1912.

Pour aimer une force indépendante, il en faut posséder soi-même une analogue et supérieure : le Roi n'est pas un élu, il ne dépend pas d'une majorité favorable ou contraire. Libre des caprices de l'opinion, sensible au contraire par position aux variations de la fortune du pays, la seule qu'il ait à faire, il peut, selon la parole du marquis de la Tour du Pin, donner la liberté de l'État pour gardienne aux autres libertés, et il est naturellement sollicité à promouvoir celles qui contribuent à l'intérêt national. Par tradition il sait bien que les libertés professionnelles sont avec les franchises provinciales et communales au premier rang de celles-là. Il est le chef et l'héritier de la plus illustre famille professionnelle qui soit, de la plus étroitement et de la plus glorieusement spécialisée, et son métier de Roi lui donne l'habitude du point de vue d'où se voit le mieux la société qui n'est pas constituée d'unités électorales comme l'imagine un candidat, mais de familles et de métiers dont la diversité, la liberté et l'organisation font la prospérité de la patrie et l'avancement de la civilisation.

Marquis DE ROUX. — **La Révolution à Poitiers et dans la Vienne,** ouvrage illustré de six portraits.
Un vol. grand in-8º de 589 p. 7 50

La fin de l'ancien régime en Haut-Poitou. — État social. — État religieux. — État politique. — 1789. — La convocation des États généraux. — Le 14 juillet. — La disette et la grande peur. — La Révolution municipale. — L'application des Décrets. — Formation du département. — Élections des administrations. — Les fédérations et la conquête jacobine. — De Varennes au Dix-Août.

M. DE ROUX. — **Le droit royal historique.** Une brochure in-18 de 32 p. . . . . o 30

Charles MAURRAS. — **Enquête sur la monarchie (1900-1909).** L. I : *Conversations de MM. Paul Buffet et de Lur-Saluces. — Lettre du duc d'Orléans à l'auteur de l'enquête. — L. II : Lettres de Paul Bourget, Maurice Barres, Henri Vaugeois, Lucien Moreau, Ch. Le Goffic, Henry Bordeaux, Jacques Bainville, Louis Dimier, Léon de Montesquiou, Copin-Albancelli, Arnavielle, Amouretti, etc. — L. III : Jules Lemaitre et son ami. Appendices. — Documents divers. — Lettre de ralliement d'Octave Tauxier. — Dictateur et roi, etc.* Un volume in-18 de LVI-559 p., avec un dessin de FORAIN (5e mille). . . . 7 50

Marquis DE LA TOUR DU PIN LA CHARCE. — **Aphorismes de politique sociale.** Un vol. in-16 de 104 p. (3e édition). . . . 1 fr.

Le Droit historique. — La Politique sociale. — L'Aristocratie. — La Démocratie. — La Bureaucratie. — Le Parlementarisme. — La Liberté de propriété. — L'Usure. — La Rente. — Le Foyer. — La Commune. — La Province. — Le Corps d'Etat.

Marquis DE LA TOUR DU PIN LA CHARCE. — **Vers un ordre social chrétien.** Jalons de route, 1882-1907. — *Économie sociale, Politique sociale, Au contrepied de la Révolution, la Restauration française* (3e édition). Un fort vol. in-8º de 528 p. . . . 7 50

Notes sur le contrat de travail. — Du régime corporatif. — De l'essence des droits et de l'organisation des intérêts économiques. — Des institutions représentatives. — Du mouvement syndical dans ses rapports avec l'ordre politique. — L'évolution agricole. — Au centenaire de 1789 (introduction à une enquête générale sur l'état actuel des esprits et des mœurs). — La question juive et la révolution sociale. — Les retraites ouvrières. — Le bien de famille. — La noblesse en France. — La représentation professionnelle. — De l'organisation territoriale et de la représentation (tableau des groupements provinciaux). — Principes d'organisation politique. — La constitution nationale.

Georges VALOIS. — **La monarchie et la classe ouvrière.** Un vol. in-16 de VIII-396 p. 3 50

I : La Révolution sociale ou le Roi. — II : Les résultats d'une enquête. Réponses de MM. Georges Sorel, Robert Louzon, G. Deherme, E. Deniau-Morat, Jean Grave, A. Morel, C. Bonin, M. Darguenat, Paul Ader, Raoul Lenoir, Emile Janvion, Emile Guillaumin, Michel Bernard, Georges Guy-Grand, militants et théoriciens syndicalistes. — Discussion et conclusions.

Comte Léon DE MONTESQUIOU. — **L'œuvre de Frédéric Le Play,** suivi de pensées choisies de nos maîtres : *Joseph de Maistre, Bonald, Auguste Comte, Balzac, Taine, Renan.*

www.ingramcontent.com/pod-product-compliance
Ingram Content Group UK Ltd.
Pitfield, Milton Keynes, MK11 3LW, UK
UKHW022347130726
13694UKWH00006B/1776